Vom kleinen Raben Socke und seinen Freunden gibt es viele lustige und spannende Bilderbuchgeschichten, alle bei Esslinger erschienen.

Alles meins! oder 10 Tricks, wie man alles kriegen kann
Alles erlaubt? oder Immer brav sein – das schafft keiner!
Alles wieder gut! oder Wie der kleine Rabe zu seinem Namen kommt
Alles echt wahr! oder Rabenstarke Schwindeleien für alle Gelegenheiten
Alles verzankt! und ruck-zuck wieder vertragen
Macht ja nix! oder Das kann jedem mal passieren
Schwein gehabt!
Spielen, Malen, Raten! (Spiel- und Beschäftigungsbuch)
Alles Geschichten vom kleinen Raben Socke (zur SANDMANN Fernsehreihe)
Neue Geschichten vom kleinen Raben Socke (zur SANDMANN Fernsehreihe)

Außerdem gibt es rabenstarke Geschenkartikel und Accessoires vom kleinen Raben Socke.

Postfach 10 03 25, 73703 Esslingen
www.esslinger-verlag.de

ISBN-13: 978-3-480-22201-8
ISBN-10: 3-480-22201-3

Nele Moost – Annet Rudolph

Alles Frühling

mit dem kleinen Raben Socke

esslinger

ALLES WÄCHST!
FINGER WEG!

Eddi-Bär futtert genüsslich Radieschen. Der kleine Rabe Socke möchte auch eins abhaben.
„Oh, das war das letzte", bedauert Eddi. „Aber wir können ja neue säen." Er nimmt Körner aus einer Tüte und streut sie in die Erde.
Socke wundert sich: „Das sollen Radieschen werden?"
„Ja", behauptet Eddi. „Du musst die Samen nur in die Erde tun und gießen und warten.

BIN IM GARTEN
DIS
ERGARTEN
...
edienung
oten!

„Du willst mich vergackeiern“, krächzt Socke. „Nein, ehrlich wahr!“, beteuert Eddi-Bär. „Alles wächst!“ Der kleine Rabe glaubt ihm kein Wort. „Doch, das ist immer so“, erklärt Eddi. „Guck hier, die Kartoffeln, die werden auch in die Erde gesteckt und dann wachsen ganz viele neue. Und am Baum wachsen die Äpfel.“ „Das ist ja ’n Ding!“, staunt Socke und hat es plötzlich sehr eilig.

Zuhause kramt er seine Schätze aus dem Nest.
„Alles wächst. Das hätte mir der olle Eddi auch schon früher mal verraten können."
Er gräbt Löcher in die Erde, buddelt die Sachen ein und gießt ordentlich.
„So, alles gesät. Und nun wachst mal schön, ihr Kleinen, und werdet ganz, ganz viele."

Einige Tage später zeigt ihm Eddi-Bär stolz sein Beet. „Da kommen schon die Radieschenblätter."
„Nicht schlecht. Aber bei mir wächst was viel besseres", prahlt Socke. „Willste mal sehen?"
Klar, will Eddi das und düst zum Rabenbeet.
„Bitte, lauter Auto- und Lolliblätter", behauptet der kleine Rabe. Eddi lacht. „Nee, das ist bloß Unkraut. Lollis und Autos werden doch in der Fabrik gebaut."
Socke schaut sofort nach. Tatsächlich, da ist gar nichts gewachsen. Nur eine alte Schraube findet er neben dem Auto.

SOCKES
GARTEN

„Oh, die Schraube kann ich für mein Dreirad gebrauchen“, ruft Eddi-Bär erfreut.
„Denkste, die ist bei mir gewachsen“, widerspricht Socke. „Die gehört mir.“

„Wir können ja tauschen.“ Eddi bietet ihm zwei Gummiwürmer an.
„Drei Schmatzewürmer, und die Schraube gehört dir“, schachert Socke.
Und während Eddi-Bär die Schraube eindreht, erklärt der kleine Rabe stolz: „Siehste, Eddi, so geht das: Wer Lollies sät, wird Schmatzewürmer ernten!“

ALLES GEFÄRBT!

Der Hase hockt auf dem Baumstumpf und bemalt Ostereier. Eins wird schöner als das andere.
Da kommt der kleine Rabe mit seinen Malsachen angeflogen.
„Rutsch mal, ich mach mit", sagt er.
„Nee, lieber nicht", wimmelt ihn der Hase ab.
„Du krakelst zu viel."
„Alter Angeber", krächzt der kleine Rabe. „Dann helf ich eben dem Wildschwein beim Eierfärben."

Aber das Wildschwein will auch keine Hilfe.
„Die Eimer sind viel zu schwer für dich", sagt es.
„Hier, probier mal. Die Roten schmecken am besten."
„Behalt deine doofen Eier", schimpft der kleine Rabe. Er ist jetzt grottentief beleidigt, weil ihn keiner mitmachen lässt.
„Du kannst ja die Eier verstecken", schlägt der Hase vor. Ja, das ist eine Idee! Der kleine Rabe ist nämlich ein prima Eierverstecker.

Der kleine Rabe fliegt durch den Wald und legt die Ostereier in die geheimsten Verstecke.
Am Ostersonntag können dann alle Tiere danach suchen.
„Die finden die Eier nie!", freut sich der kleine Rabe. „Oder ist hier noch irgendwo eins zu sehen?"
Auf einmal entdeckt er etwas. Da hat doch jemand unbemalte Eier in einem Nest versteckt.
So ein Dussel!

Zum Glück hat der kleine Rabe seine Malsachen dabei. Jetzt wird er dem Hasen mal zeigen, was 'ne Harke ist. Ruck, zuck ist er fertig.
„Solche Ostereier hat die Welt noch nicht gesehen", sagt er.
Plötzlich wackelt ein Ei. Dann knackt es ganz laut.
„Hilfe!", ruft der kleine Rabe. „Das Ei spricht!"

BÄR

Der Hase und das Wildschwein kommen angelaufen. Da brechen die Eierschalen auf und fünf kleine Enten kriechen heraus.
„Na, Löffel, jetzt biste baff, was?", triumphiert der kleine Rabe.
Und der Hase und das Wildschwein staunen mit offenem Mund. Der kleine Rabe ist wirklich der größte Ostereiermaler aller Zeiten.